Lk⁷1193

LES ADIEUX
DU R. P. LACORDAIRE
A SES AUDITEURS BORDELAIS,

ET LES

ADIEUX DE SES AUDITEURS AU RÉVÉREND PÈRE.

BORDEAUX,
IMPRIMERIE D'HONORÉ GAZAY, RUE GOUVION, 14.

SE VEND A BORDEAUX,

Chez Honoré GAZAY, imprimeur, rue Gouvion, 14.

Prix : 25 c.

LES ADIEUX
DU R. P. LACORDAIRE

A SES AUDITEURS BORDELAIS.

Le sujet de la dernière conférence prêchée hier par le R. P. Lacordaire, devant un très-nombreux auditoire, était le très-saint sacrement de l'Eucharistie.

L'homme, a dit l'éloquent orateur chrétien, n'est pas seulement un être intelligent, spirituel et aimant, il est aussi être corporel, matériel, et, sous ce dernier rapport, il avait besoin de recevoir de la bonté de Jésus-Christ un moyen simple, facile et efficace qui pût transformer sa nature animale, infime et terrestre, et l'élever au-dessus de la misérable condition que le péché d'Adam lui avait faite. Et ce moyen, Jésus-Christ, avant de quitter ses apôtres et de retourner dans le ciel, le leur fit connaître et leur en indiqua la pratique usuelle.

Le sacrement de l'Eucharistie est donc de création divine, et nous devons, d'après les propres paroles du Dieu sauveur, manger son corps et boire son sang, pour nous sauver dans ce monde et dans l'autre.

Mais comment la raison seule peut-elle se rendre compte de cette mystérieuse union d'un Dieu si grand, si puissant et d'une essence infinie, avec sa créature si faible, si misérable et d'une essence finie ? C'est à cette question que le R. P. Lacordaire a voulu satisfaire.

Partant de ce fait réel, non contesté, que toutes les créatures animales et l'homme lui-même ne peuvent pas vivre toujours par leur propre vie, et qu'elles ont besoin de s'assimiler chaque jour des êtres saisis, détruits et dévorés par elles, dont elles font leur propre substance, il a été conduit à établir aussi que, si la pensée de l'homme se nourrit avec la pensée d'autrui, que si son cœur se nourrit avec des émotions et des affections ressenties et partagées, son corps ne pouvait se nourrir dans le sens spirituel et divin qu'avec la chair et le sang de quelque chose de supérieur à lui, différent de lui, et d'une nature entièrement dissemblable à celle qui le constitue comme être créé et fini.

Ainsi, par le sacrement de l'Eucharistie, Jésus-Christ, saisi non d'une manière mystique, mais saisi corporellement, essentiellement, substantiellement par nos lèvres et introduit dans nos entrailles, se répand dans tout notre être, le purifiant, le fortifiant, le transformant, et lui communiquant ainsi une nouvelle existence corporelle et spirituelle, source de grâce, de paix, de consolation sur la terre, et de bonheur éternel dans le sein de Dieu.

Telle est la substance de cette conférence, mais dont les développements ont donné l'occasion au R. P. Lacordaire de présenter à son auditoire des rapprochements, des explications, et des tableaux éloquents et neufs, et même des expressions inspirées par un esprit plein de fécondité et d'une heureuse et sainte hardiesse, et qui impressionnent toujours profondément les fidèles qui les écoutent et qui les jugent.

En terminant, le R. P. Lacordaire s'est dépouillé, avec une admirable humilité, de son caractère de prêtre apostolique pour remercier comme homme sensible, aimant et reconnaissant, tous ceux qui, pendant quatre mois, ont été assidus avec tant de persévérance pour entendre sa faible voix, et pour l'encourager, d'une manière si touchante, dans l'accomplissement de sa mission.

S'adressant ensuite au vénérable archevêque de ce diocèse, il a rendu un sincère et éclatant hommage à sa bienveillante charité, à son ardent amour pour tous les membres de son troupeau, à sa science élevée et digne du rang qu'il occupe parmi nous; et après cet épanchement d'un cœur plein de reconnaissance, il a demandé à Monseigneur sa sainte bénédiction avant de quitter une chaire où son âme restera toujours!

A la suite de ces adieux si simples, si modestes, et qui ont vivement ému l'auditoire, notre vénérable archevêque a prononcé d'une voix sonore, mais émue, une allocution paternelle, et qu'il a terminée par ces paroles :

7

« Croyez bien, ô vous tous qui m'écoutez, que c'est avec bonheur que dans ce moment mon cœur s'agrandit pour vous aimer, et mon bras se lève pour vous bénir! »

(Extrait du *Mémorial Bordelais.*)

LES ADIEUX

DES AUDITEURS BORDELAIS DU R. P. LACORDAIRE

AU RÉVÉREND PÈRE.

L'immense et important auditoire qui n'a cessé de recueillir les saintes et éloquentes paroles du père Lacordaire pendant l'avent et le carême s'était encore accru hier pour entendre la dernière conférence de l'illustre Dominicain. Le sujet de ce discours était le mystère de l'Eucharistie; la haute pensée de l'orateur a cherché à faire saisir, par quelques analogies puisées dans la science et dans la nature, ce que ce mystère présentait d'accessible à notre intelligence. Çà et là le cœur de l'apôtre s'est manifesté dans l'effusion de sa charité; on sentait que ce cœur était plein de l'amour de Dieu quand il parlait du plus magnifique témoignage que le Sauveur ait pu laisser aux hommes de sa tendresse pour eux. En terminant cette conférence, le pieux Dominicain a fait ses adieux à son auditoire dans des termes qui ont été recueillis avec une vive émotion.

C'est Monseigneur l'archevêque qui s'est chargé d'exprimer la reconnaissance de l'auditoire pour l'homme de Dieu qui l'avait si éloquemment évangélisé. Notre vénérable prélat a rempli cette tâche avec cette élévation et cette convenance de paroles qui lui sont habituelles.

Nul autre orateur chrétien n'a jamais plus impressionné plus vivement notre population que le père Lacordaire; nul autre n'a laissé de plus vifs regrets parmi nous.

Il y avait plus que de l'admiration pour ce grand orateur, il y avait dans toutes les classes et dans toutes les communions religieuses de vives sympathies pour sa personne et pour la charité évangélique dont il est animé.

ADIEUX AU RÉVÉREND PÈRE.

I.

Nous ne pourrons donc plus ni le voir ni l'entendre,
L'ange de la cité, l'apôtre au cœur si tendre!
Bordeaux, qu'il aima tant, l'objet de tant de soins,
Tu perds donc aujourd'hui la brillante auréole;
Tu n'as plus dans tes murs ton amour, ton idole.....
    Une éloquente voix de moins!....

Hier, hier encor, la chaire évangélique,
Les échos attristés de notre basilique
Répétaient en pleurant ses paternels adieux.
Que de regrets alors, dans cette foule immense!
Que de pensers amers! quel lugubre silence!
    Que de pleurs dans les yeux!

Oh! qui sut mieux que lui, des rêves de la vie
Nous montrer le néant et l'étrange folie?
Qui, pour les biens d'en haut, excita plus de faim?
Plus de soif pour ce Dieu, dont son âme était ivre?
Quel homme, dites-moi, pourra faire revivre
    Ce ravissant Dominicain?

12

En lui, tout est vigueur, tout est grâce infinie;
Lui, c'est l'homme de foi, c'est l'homme de génie.
C'est l'hercule chrétien, c'est l'aigle audacieux.
A son œil rayonnant on dirait un prophète;
A son style enchanteur on dirait un poète,
    Mystérieux écho des cieux.

Tant qu'il parle, il transporte, il fascine, il enflamme;
Son cœur palpite en vous; son âme est dans votre âme,
Et, disciples sans voix, vous n'osez respirer.
Vous êtes au Thabor, sur la montagne sainte.....
Maître, reste avec nous dans cette auguste enceinte;
    Pourquoi sitôt nous séparer?

Pourquoi?.... mais Dieu le veut; il faut bien que l'apôtre,
Sublime conquérant, aille d'un pôle à l'autre
Combattre avec l'erreur, arracher et planter;
Et, comme le soleil, poursuivant sa carrière,
Ne doit-il pas verser en tous lieux la lumière,
    Aller partout sans s'arrêter?

Adieu donc, à mon tour! va, porté par ton zèle,
Aussi loin que la voix de ce grand Dieu t'appelle!
Puisse encor le désert refleurir sous tes pas!....
Porte à chacun sa part de la céleste aumône,
Et le baiser d'amour que le bon maître donne.
    Même à ceux qui ne l'aiment pas.

II.

Au Christ qui t'envoya nous allons rendre grâces.
Tu laisses tant de bien, comme lui, sur tes traces,
Tant d'hommes sont vivans qui naguère étaient morts!
Tant d'autres, alarmés dans leurs fausses doctrines,
Sentent un trait vainqueur qui perce leurs poitrines :
    Tu leur as jeté le remords.

Non, non, ceux-là du moins n'oseront plus nous dire :
« La vertu n'est qu'un nom, un sublime délire. »
Cette fille du ciel est reine parmi nous :
Elle est un mot suave, elle est une puissance,
Une divinité que tout le monde encense,
    Et qu'il faut prier à genoux.

Honneur au vrai croyant qui porte son image !
Nous croyons tous assez pour lui rendre un hommage,
Pour lui laisser au moins partout le premier rang,
Pour le saluer roi sur tous les autres hommes :
Non, non, on ne peut plus, dans la ville où nous sommes,
    Etre chrétien sans être grand.

Désormais donc, respect à tout ce qu'on adore
Dans ces vieux monumens que la foi fit éclore !

Qui pourra, sans rougir, insulter à l'autel?
Honneur et gloire au prêtre, au fond du sanctuaire,
Au mortel que le ciel sacra dépositaire
    De son sacerdoce immortel!

J'ose le dire aussi, respect à ces asiles
Où, loin de nos cités, sans regrets tu t'exiles;
A ces cloîtres pieux dont le ciel est si pur!
Respect à ces abris de la paix fraternelle,
Où le cygne, ici-bas, peut reposer son aile,
    Loin des regards d'un monde impur!

Où, sous l'habit de bure et sous d'âpres cilices,
Se cachent si souvent les plus grands sacrifices,
Où la foi trouve encor ses mille combattans;
Où va se recruter la légion thébaine
Qui, sur le sol français, en dépit de la haine,
    Se relève après cinquante ans.

Adieu! que devant toi tout sentier s'applanisse!
Qu'en te voyant venir, riche ou pauvre bénisse
Celui qui rompt à tous le pain de vérité,
Et que là, comme ici, dans la foule attendrie,
Ravi de tes discours, tout le monde s'écrie :
    « Heureux le sein qui l'a porté! »

Plus heureux mille fois, nous dit la parabole,
Celui qui, recueillant la divine parole,
La médite en son cœur, retiré loin du bruit;
Et qui, pareil au champ dont la fraîche parure
S'embellit chaque jour aux yeux de la nature,
    Se pare de fleurs et de fruits.

Mais malheur à nous tous, si nos âmes glacées
Perdaient le souvenir des célestes pensées !
Si nous jetions encor le symbole à tout vent,
Malheur ! malheur à nous ! pour tant d'indifférence !
Un jour, Sodome et Tyr demanderaient vengeance
Au tribunal du Dieu vivant !....

(Extrait de la *Guienne*.)

www.ingramcontent.com/pod-product-compliance
Lightning Source LLC
Chambersburg PA
CBHW060602050426
42451CB00011B/2047